Inversión Para Principiantes

Una Guía Para Inversores Inteligentes Para Aumentar Su Riqueza y Jubilarse Anticipadamente

Índice

Introducción

Querido Lector,

En primer lugar, me gustaría agradecerle por comprar este libro. Si este es su primer paso para aprender más sobre invertir y aumentar su riqueza o una continuación de su viaje, espero que le brinde valor.

Este libro contiene información sobre los fundamentos de la inversión y su importancia, así como la manera de comenzar a aumentar su riqueza y evitar las dificultades comunes con las que se encuentran los principiantes. El objetivo es que los principiantes se familiaricen con la inversión en lugar de lidiar con estrategias complejas de inversión. Además, me gustaría agregar que no encontrará nada en este libro para enriquecerse de la noche a la mañana porque simplemente eso es algo que no existe. Es importante recordar que invertir no es lo mismo que apostar. Las personas que tienen esa idea errónea son las que fracasan más rápido.

Si bien muchos de los libros de inversión y finanzas pueden hacer que se atasque con complicados términos financieros y otras dificultades que dificultan que pasen de los primeros capítulos, este libro es deliberadamente preciso y fácil de entender.

Gracias de nuevo por descargar este libro.
¡Espero que lo disfrute y que se beneficie de ello!

- Walter Wayne

Capítulo 1: ¿Por qué invertir?

Que hacen los ricos de manera diferente

Estirar su sueldo para llegar a fin de mes a veces puede ser bastante complicado. La mayoría de las personas sienten que nunca ganan lo suficiente ni viven la vida al máximo. A nadie le importaría tener más dinero. Si usted es alguien que vive de sueldo a sueldo o ya es millonario, y tener más dinero (¡legalmente por supuesto!) casi nunca es algo malo.

Pero, ¿por qué algunas personas están mucho mejor que otras? ¿Qué hacen los ricos de manera diferente? Puede que se esté haciendo estas preguntas de vez en cuando. Antes de responder a estas preguntas, es importante tener en cuenta que cuando digo que alguien es rico, no quiero decir que obtengan ingresos absurdos. Más bien, su patrimonio neto (activos menos pasivos) es muy alto. Tener un alto patrimonio neto demuestra que entiendes el juego del dinero y cómo conservar lo que ganas en lugar de gastarlo todo. Esta es la razón por la que no considero que los ganadores de la lotería sean ricos. Hasta que no puedan probar que pueden retener el dinero que ganaron o crecer en lugar de quebrarse unos años más tarde, no son para nada ricos a mis ojos.

Puede parecer que algunas personas simplemente están destinadas a ser ricas, pero eso simplemente no es cierto. La diferencia entre los ricos y el resto de la sociedad es la diferencia de mentalidad con respecto al dinero. Entienden cómo hacer que el dinero trabaje para ellos. Una verdad reconocida universalmente es que los ricos ahorran e invierten una parte de sus ingresos primero. Solo después de que hayan reservado suficiente dinero para sus metas, gastan. Están dispuestos a sacrificar el placer a corto plazo para obtener ganancias a largo plazo. Como veremos más adelante, esta es una idea importante que debemos adoptar al invertir.

Por otro lado, las clases baja y media hacen exactamente lo contrario. A menudo evitan invertir porque eso significa que no pueden gastar sus cheques de pago de inmediato y disfrutar de su placer. Se ajustan al materialismo y todos sus ahorros se utilizan para diversas compras (y generalmente innecesarias) que producen una gratificación instantánea.

Por ejemplo, digamos que dos personas, una con una mentalidad de clase media y la otra con una mentalidad adinerada, ganan $ 70,000 de un concurso. La mentalidad de clase media comenzará de inmediato a comprar en el mercado un nuevo y lujoso automóvil, mientras que la mentalidad adinerada comenzará a buscar una oportunidad de inversión.

La mentalidad de la clase media encuentra un hermoso y lujoso automóvil, mientras que el otro encuentra una inversión hermosa y segura. Este hermoso automóvil se deprecia 15% anualmente durante 8 años, mientras que la hermosa inversión genera 10% anualmente durante 8 años. Al final de los 8 años, el auto tiene un valor de $ 17,349 mientras que la inversión vale $ 128,616. Este es un ejemplo muy práctico de por qué y cómo los ricos se hacen más ricos.

Ser pobre no tiene nada que ver con que otra persona sea rica. Todos podemos ser financieramente independientes y retirarnos temprano si desarrollamos la mentalidad y las habilidades correctas y luego las ponemos en acción.

Haciendo que tu dinero trabaje para ti

La idea principal detrás de la inversión es usar su dinero para ganar más dinero. Aunque esto suena simple como una idea, no es tan fácil de implementar. Esto se explicará con más detalle al hablar de los errores comunes de los principiantes, así como del papel que desempeñan las emociones en la inversión.

Ahorrar, y mucho menos invertir, es lo suficientemente difícil para la mayoría de las personas. Puede guardar partes de su cheque de pago para algunos objetivos a corto plazo, como unas vacaciones o un automóvil mucho más fácilmente porque su objetivo es una recompensa tangible. Para hacer más fácil la inversión, debe desarrollar la apreciación de que su dinero está generando más riqueza y lo lleva a la independencia financiera.

Un concepto que me mantiene entusiasmado con la inversión es la idea de que puedo ganar dinero todo el tiempo, independientemente de si estoy trabajando o no. Originalmente, proveniente de un historial de empleados, siempre cambié mi tiempo por mi dinero. Trabaja 40 horas a la semana y le pagan. Si no dedicas esas horas, nadie te paga. Sin embargo, con la inversión, no tiene que cambiar ninguna hora por dinero. Incluso si estás descansando en la playa disfrutando de un agradable día soleado, puede estar ganando dinero.

Usted se sienta todos los días en el trabajo y gana dinero para su empleador. Al comienzo o al final de cada mes, recibe un cheque de pago y que le permite proveerlo a usted y a su familia, así como cumplir algunas metas a corto plazo que pueda tener. Sin embargo, también tiene algunos objetivos a largo plazo que le encantaría cumplir antes de la jubilación.

Tiene dos opciones: puede mantener sus hábitos de gasto o puede invertir esa cantidad y ver cómo le hace ganar más dinero. Ahora, no estoy diciendo que necesite privarse de los placeres de la vida. Incluso si el dinero es escaso o si usted es un gran gastador, puede comenzar a invertir con una pequeña cantidad. No necesita tener miles de dólares para comenzar. Incluso solo una parte de su cheque de pago puede ayudarlo a ganar enormes cantidades de dinero si le da suficiente tiempo.

Por lo tanto, la inversión demuestra ser una opción fantástica para cualquier persona. Hacer que su dinero trabaje para usted puede resultar en duplicar sus ahorros muchas veces. En esta era, invertir es la única forma confiable de aumentar su riqueza.

Su cheque de pago tiene un gran potencial y puede llevarlo mucho más lejos de lo que cree. Al reservar un pequeño porcentaje de su cheque de pago cada mes e invertirlo, puede alcanzar sus metas futuras sin poner una tensión en su estilo de vida actual, y lo mejor de todo es que el dinero que invierte lo hará ganar más dinero constantemente. Ya sea que esté durmiendo, comiendo, festejando o pasando tiempo con sus seres queridos, se enriquecerá cada año.

Una pregunta que puede tener es qué pasa con las caídas del mercado. ¿Cómo puede enriquecerse si el mercado está bajando? Aunque no voy a entrar en detalles al respecto en este libro, las caídas del mercado en realidad pueden ser una bendición. Presentan grandes oportunidades de compra para el inversionista inteligente porque, a la larga, siempre les sigue una recuperación que lleva al mercado a nuevas alturas. Estos son conocidos como mercados bajista y alcista, respectivamente.

No es necesario tener un negocio multimillonario o propiedades en todo el mundo para ser rico. Es posible invertir parte de sus ahorros y cheques de pago y ser testigo de resultados increíbles a lo largo del tiempo.

Además, la inversión no requiere que usted tenga algún tipo de conocimiento específico que solo pueda aprenderse en una de las principales escuelas de negocios. Simplemente aplicando los fundamentos, cualquiera puede tener un gran éxito.

El peligro de la inflación.

Muchas personas creen que mantener sus ahorros en el banco mantendrá su capital seguro. Sin embargo, en este tiempo y edad, las tasas de ahorro son bajas y producen menos ganancias que antes. También se olvidan del poder de erosión de la inflación o simplemente no saben qué es.

Una cuenta de ahorros se utiliza mejor para objetivos a corto plazo y fondos de emergencia. En caso de que no lo sepa, un fondo de emergencia es el dinero que guarda en caso de un día lluvioso. Debe contener alrededor de 6 meses de su cheque de pago en caso de una emergencia como el despido o cualquier otra circunstancia por la cual no pueda trabajar por algún tiempo.

En caso de que no sepa qué es la inflación, es la disminución en el valor de compra del dinero. Por ejemplo, hace 40 años, podría comprar una Big Mac de McDonald's por $ 0.75 y ahora no es menos de $ 5.00 para la misma hamburguesa. ¿Subieron sus costos? Probablemente. Pero eso no justificaría un aumento de precio de más de 6 veces. La razón de este aumento de precios se debe a la inflación. Dado que el gobierno imprime constantemente el dinero, cada año hay una mayor oferta, por lo que su valor disminuye.

Es vital recordar que la inflación está siempre en el trabajo. Esto erosiona sus ahorros y hace que su dinero pierda valor gradualmente. Al mantenerlo en su cuenta bancaria con una tasa de interés inferior al 3%, que es la tasa de inflación promedio en el momento de escribir, perderá dinero.

En cambio, al invertir su dinero en lugar de solo guardarlo, se asegurará bajo una "manta de inversión" que vencerá la inflación. Una vez que entienda que al solo ahorrar, está perdiendo dinero cada año, la necesidad de invertir se hace mucho más evidente. Los ricos entienden esto muy bien.

Mantendrán su dinero en un banco solo si no han encontrado una inversión valiosa. Hasta entonces, practican la paciencia y, una vez que surge una oportunidad, rápidamente sacan el dinero y lo invierten.[1] [2]

---

[1] http://dollarsandsense.my/why-most-rich-people-dont-have-much-cash-in-their-bank-accounts/

[2] https://www.thebalance.com/how-does-inflation-affect-bank-accounts-315771

Invertir en uno mismo

Por mucho, la inversión más importante que podría hacer es en sí mismo y le felicito por dar ese paso leyendo este libro.

Abrir un negocio no es una inversión valiosa si no sabe cómo administrarlo. Del mismo modo, invertir en acciones, bonos, bienes raíces y otros instrumentos financieros no significa que experimentará el éxito, a menos que sepa lo que está haciendo.

Por lo tanto, antes de tratar de acumular su riqueza, piense en su vida. Vea cuáles son sus buenas y malas cualidades, qué puede lograr, cuánto estrés puede manejar, etc. La mayoría de la gente piensa que querer algo debería ser suficiente, que el universo simplemente se lo dará porque lo merecen.

Y la mayoría de las personas merecen tener suficiente dinero para que nunca tengan que pensar en ello. Sin embargo, no es tan fácil como parece. Los inversionistas exitosos no solo se despertaron un día como millonarios o compraron algunas acciones y se enriquecieron en un par de semanas. Trabajaron, estudiaron y desarrollaron sus habilidades. Intentaron ser los mejores en sus respectivos campos, sabiendo que los riesgos y el esfuerzo se verían recompensados. Esto no se aplica solo a la inversión sino a la vida en general. Para llegar a donde quieres ir, debes ponerte a trabajar.

A medida que se mejore a sí mismo, sus habilidades y su voluntad de aprender, también desarrollará la capacidad de aumentar su riqueza.

Puntos Claves

- Invertir primero, gastar después. Desarrollar una "mentalidad de rico".

- Haga que el dinero trabaje para usted en lugar de que solo usted trabaje por dinero.

- La inflación erosiona tus ahorros.

- La inversión más importante está en uno mismo.

Capítulo 2: El Poder de la Composición

Creciendo tu riqueza: lenta pero segura vs. en una noche

A todos nos gustaría convertirnos en millonarios de la noche a la mañana. Queremos que sea como ganar una lotería: compras un boleto y, de repente, eres rico. Piensas en el próximo Uber y de repente estás haciendo millones.

Pero, las posibilidades de que eso suceda son muy escasas. Además, aumentar tu riqueza de la noche a la mañana no debería ser tu objetivo. De hecho, si volvemos al ejemplo de la lotería, la mayoría de los ganadores de la lotería tienden a terminar en quiebra a los pocos años de ganar y en una pila de deudas porque no entienden el juego del dinero.

Roma no fue construida en un día. De la misma manera, no puede esperar un aumento increíble de dinero al principio. Como aprenderemos con la capitalización, los rendimientos de sus inversiones son generalmente poco satisfactorios al principio en comparación con el capital que aportó. Sin embargo, también aprenderemos que los rendimientos pueden volverse abrumadores si se cuenta con suficiente tiempo.

Especialmente cuando se trata de invertir, es crucial tomarse su tiempo y pensar en sus opciones. Los inversores más exitosos son los que han utilizado estrategias de inversión durante un período prolongado de tiempo. No intentaron hacerlo de la noche a la mañana. En su lugar, primero invirtieron en sí mismos, sus conocimientos y sus habilidades. Después, tomaron su dinero y lo colocaron en inversiones inteligentes.

A pesar de que la inversión puede tener una cantidad considerable de incertidumbre, hay maneras de lidiar con eso. Su mente y su conocimiento deberían ser tus mayores fortalezas. Y, con el tiempo, su experiencia de inversión le ayudará a tomar mejores decisiones. Un consejo muy importante a tener en cuenta es invertir solo con lo que pueda pagar. No utilice préstamos para invertir, los fondos universitarios de sus hijos ni ningún tipo de capital que no pueda perder. Como veremos en capítulos posteriores, mantener sus emociones controladas es tan importante como el aspecto de conocimiento de la inversión. Y si está apegado emocionalmente al dinero que está invirtiendo, es mucho más probable que fracase.

Es muy importante comenzar a ahorrar e invertir desde el principio, pero es igualmente importante no apurarse en ninguna inversión. Una vez que aprenda más sobre el mercado en el que está interesado y siente que ha analizado las mejores inversiones potenciales, solo entonces debería considerar realizar una inversión.

Durante ese proceso, debe practicar la paciencia. Siempre es mejor comenzar lentamente y evitar grandes pérdidas que arriesgarlo todo en algo, quemarse y desarrollar el temor de invertir.

Capitalización: cómo hacer crecer con éxito su riqueza

La capitalización es un fenómeno que puede hacer crecer su riqueza de manera exponencial. No requiere que piense demasiado en ello. Su trabajo es hacer una inversión inicial: usted coloca la cantidad principal de dinero en algo en lo que cree y deja que el tiempo haga el trabajo por usted.

Albert Einstein una vez mencionó que el interés compuesto es la octava maravilla del mundo. La persona que lo entienda podrá ganárselo. De lo contrario, tendría que pagarlo. Esto se remonta al hecho de que los ricos hacen que el dinero trabaje para ellos, mientras que el resto trabaja por dinero. En otras palabras, la capitalización puede funcionar para usted generando riqueza a partir de sus inversiones o puede agotar su riqueza a través de la deuda.

Si se le da la opción de tomar un millón de dólares o tomar un centavo y duplicarlo cada día, ¿cuál tomaría? Otro giro que podemos agregar es que si toma la ruta de doblar un centavo, puede cambiar de opinión antes del noveno día. Más del 90% de las personas eligen el millón de dólares porque no entienden el poder de la capitalización. ¡La elección de la ruta de duplicación de centavos lleva a $ 5, 368,709.12 frente a los $ 1, 000,000!

Ahora digamos que prueba la ruta de un centavo durante 8 días. ¡En el octavo día finalmente ganarías tu primer dólar, un abrumador $ 1.28! Muchas personas aquí entrarían en pánico pensando que tomaron la decisión equivocada y optarían por el millón. Sin embargo, para el día 16, esos $ 1.28 ahora son $ 327.68; para el día 24, es $ 83,886.08; y para el día 30, es de $ 5, 368,709.12. Es importante entender que el proceso comienza lento, pero una vez que se recupera, los resultados son sorprendentes. Este es el poder de la capitalización en el juego.

Aunque el ejemplo es extremo, ya que su tasa de rendimiento es del 100% (duplicación) y se agrava diariamente (duplicándose todos los días), este fenómeno aún puede hacer maravillas para sus finanzas. En otras palabras, la capitalización ayuda a explicar por qué invertir es tan poderoso y necesario.

Por otro lado, el interés capitalizado es su peor enemigo si tiene una cantidad significativa de deuda. Esta es la razón por la que muchas personas todavía tienen problemas para pagar sus cuentas de tarjetas de crédito, lo que puede arruinar fácilmente su puntaje de crédito. Se aplican los mismos principios de interés de la capitalización, pero ahora está en su contra.

Cuando reciba la factura de su tarjeta de crédito, es vital pagarlo en total tan pronto como sea posible. De lo contrario, el interés podría acumularse y, al final, tendrá que pagar una suma mucho mayor que la que originalmente estaba allí.

Aun así, cuando se trata de compras grandes como hipotecas y automóviles, por lo general no se pueden pagar de inmediato. Para evitar que la capitalización funcione en su contra, pague lo más que pueda por encima de la cuota mínima mensual. Pagar la deuda puede considerarse como una forma de inversión que tiene una tasa de interés garantizada que a menudo es muy difícil de prometer con otras inversiones. En lugar de generar dólares positivos (inversiones estándar), elimina la generación de dólares negativos (deuda). El efecto neto en su riqueza es el mismo.

Para un principiante que es novato invirtiendo, esta es una de mis primeras recomendaciones. Claro, puede hacer algunas pequeñas inversiones seguras al principio, pero asigne la mayor parte del capital para pagar sus deudas. Es importante tener en cuenta que esto también depende de la tasa de interés de sus deudas. Por ejemplo, si tiene una deuda de tarjeta de crédito con un 20% de interés, entonces es vital pagarlo de inmediato. Lo mismo se aplica con otras deudas de alta tasa de interés. Esto porque es poco probable que encuentre una inversión que garantice un retorno de la misma magnitud.

Es importante preguntarse si se puede encontrar una inversión garantizada con la misma tasa de interés. Como principiante, puede ser difícil calcular esto, pero como regla general, recomendaría pagar cualquier deuda con una tasa de interés de más del 6% tan pronto como sea posible.

Al comprender la capitalización y aprender a invertir, puede retirarse fácilmente con mucho más de lo que creía posible. Sin embargo, para que la capitalización funcione, debe mantener ese dinero invertido. No puede obtener un rendimiento decente un año, luego decida comprar un televisor nuevo con el interés que ganó, ya que tendría que reiniciar todo el proceso de capitalización.

Veamos un ejemplo utilizando el mercado de valores donde mantenemos nuestros rendimientos invertidos. Tiene $ 10,000 que puede invertir y decide invertir en el mercado de valores. Usted puede ganar una tasa de retorno del 10% cada año.

Al final del año 1, tiene $ 11,000. Usted reinvierte la ganancia de $ 1,000. El próximo año, tiene $ 12,100.

Ahora, imagine que comienza a invertir y reinvertir así con 20 años. Su objetivo principal es jubilarse a los 65 años, y si comienza a la edad de 25 años, tiene 40 años para formar su riqueza.

Si recauda las ganancias y no las reinvierte, después de cuarenta años, habrá ganado solo $ 50,000 en total. Sin embargo, si reinvierte continuamente después de cuarenta años, ¡su saldo final será de $ 452,592.56! Tenga en cuenta que solo se invierten los $ 10,000 iniciales de su propio bolsillo y no se agregan más al monto del capital inicial. Una vez que ve estos números, comienza a tener sentido cómo los ricos están mucho más adelantados que las clases medias y bajas.

Ahora, ¿qué pasaría si hubiera empezado a los 20 o 30 años? Si hubiera invertido a los 20 años, ¡tendría $ 728,904.84! ¡A partir de los 30 años, tendría $ 281,024.37! Por eso es tan importante comenzar tan pronto como sea posible.

Cómo utilizar con éxito la capitalización a su favor

Cuando se trata de capitalización, la mayoría de las personas no tienen la paciencia para permanecer invertidos y esperar. Están en la mentalidad de ganar mucho dinero lo más rápido posible. Sin embargo, como se ilustra anteriormente, es importante desarrollar la disciplina para mantener todo el dinero invertido que pueda y no acceder a esos fondos a menos que haya una emergencia (y su fondo de emergencia se agote) o si siente que tiene suficiente para retirarse cómodamente. Esto le permite utilizar la capitalización a su máximo potencial.

Sin embargo, para ilustrar aún más los beneficios, voy a usar un ejemplo de la vida real.

Una mujer llamada Grace Groner comenzó a invertir en sus veinte años. Después de la universidad, consiguió un trabajo como secretaria y permaneció allí durante más de cuatro décadas.

Su salario era un salario promedio. Por lo tanto, para ganar más dinero y aumentar su riqueza, compró tres acciones de la compañía donde trabajaba. Eran alrededor de $ 60 por acción, lo que hacía que su inversión fuera de alrededor de $ 180.

Grace Groner nunca vendió sus acciones. En cambio, las mantuvo durante 75 años y cobraba los dividendos (Un dividendo es una suma de dinero que se paga a los accionistas con las ganancias de la compañía. Cada acción tiene un dividendo asociado. Sin embargo, no todas las compañías pagan un dividendo). Además, luego reinvirtió continuamente esos dividendos, y cuando pasó, su inversión total fue de $ 7 millones.

Es importante recordar que la compañía en cuestión experimentó un crecimiento bastante constante a lo largo de los años. Crecieron alrededor de 14.97% cada año, lo que hizo que los precios originales de las acciones fueran una verdadera ganga. Sin embargo, Grace probablemente no lo sabía, solo creía en las inversiones a largo plazo.[3]

[3] http://www.investinganswers.com/education/time-value-money/how-one-normal-lady-turned-200-7-million-3874

Puntos Claves:

- Sea realista con sus resultados. No puede hacerse rico de la noche a la mañana.

- La capitalización lleva tiempo, pero los resultados hacen que valga la pena.

- La capitalización funciona ya sea para usted o contra usted. Tiene el poder de controlar eso.

Capítulo 3: Principios importantes de la inversión

Invertir vs. especular

Es posible que haya escuchado a algunas personas usar esos términos como sinónimos. Sin embargo, hay una diferencia importante entre los inversores y los especuladores.

Para empezar, los inversores como Warren Buffett han construido todos sus imperios empresariales solo invirtiendo. Utilizan el análisis fundamental para determinar si deben destinar su dinero a una inversión en particular.

Eso significa que tuvieron que examinar el potencial de la inversión, así como los riesgos que podrían correr. Por ejemplo, al evaluar una compañía, su fortaleza financiera y su administración son factores vitales, pero también debe considerarse la competencia, el estado de la industria respectiva y los posibles factores macroeconómicos. No se preocupe por todo esto ahora mismo. Esto solo se menciona para demostrar que invertir no es tan fácil como hacer clic en unos pocos botones.

Podríamos llamar a esto invertir en lugar de especular porque no implica movimientos a corto plazo especulativos y rápidos. A diferencia de los especuladores, los inversores prosperan cuando encuentran una inversión que dará sus frutos en el futuro. Por lo tanto, tienen la capacidad de mantener sus inversiones durante mucho tiempo, a veces incluso durante décadas. A través del análisis fundamental, saben que valdrá la pena en lugar de esperar que lo hará.

Cuando se trata de especuladores, las cosas son un poco diferentes. Solemos ver especuladores en todo tipo de mercado. Optan por movimientos de mercado a corto plazo, con la esperanza de que sus inversiones aumenten de valor en lugar de hacer un análisis fundamental y de que sus inversiones aumenten de valor. El objetivo generalmente es obtener ganancias rápidas comprando y vendiendo en un corto período de tiempo.

No hace falta decir que esta es una estrategia mucho más arriesgada. La especulación puede funcionar ocasionalmente, pero a largo plazo, no es viable. Recuerde que invertir no es apostar. Está destinado a ser lento y constante.

Según Benjamin Graham, de quien Warren Buffett aprendió por primera vez sobre inversiones, "una operación de inversión es aquella que, tras un análisis exhaustivo, promete la seguridad del capital y un rendimiento satisfactorio. Las operaciones que no cumplan con estos requisitos son especulativas".

Protección principal

La principal es la cantidad original de dinero que ha colocado en una inversión. Cualquier cosa por encima de eso cuenta como ganancias.

Warren Buffett no se mantuvo rico solo porque la vida así lo quería. Mantuvo su riqueza con un conjunto de dos reglas: "Regla No. 1: Nunca pierdas dinero. Regla No. 2: Nunca olvides la regla No.1".

Eso puede parecer simple y obvio, pero no es tan fácil de implementar en la práctica. Cuando se trata de invertir, especialmente al principio, es importante no ser codicioso para obtener retornos y, a su vez, poner en riesgo su capital. Es mucho más fácil perder dinero que ganar dinero si no tiene cuidado.

Me gusta comparar esta idea con el ejercicio y la nutrición. Digamos que va al gimnasio y hace ejercicio con intensidad completa durante 2 horas. Corre en la caminadora durante 40 minutos agotadores y hace pesas durante otros 80 minutos. Al final, está agotado. Ahora va a su casa y está listo para tener una comida bien merecida. Sin embargo, si decide tomarse un par de hamburguesas con queso, que puede comérselas en solo 10 o 15 minutos, gran parte de ese arduo trabajo que hizo en el gimnasio durante 2 horas se va por el desagüe.

Comparando esto con la inversión, digamos que usted compra algunas propiedades inmobiliarias a principios de año, su precio aumenta un 20% para finales de año y usted decide vender. Ahora, toma ese dinero y decide invertirlo en una acción. Esta acción es riesgosa debido a las perspectivas inciertas de la industria, pero ofrece la posibilidad de rendimientos significativos. Un par de semanas más tarde, surgen algunas malas noticias sobre la industria en general y sus acciones bajan un 40%. Ahora, las ganancias que tardaron todo un año en completarse se han ido junto con algunos de sus principales. Todo en un par de semanas.

Invierta en lo que sabe

Si ha trabajado con tecnología toda su vida, entonces invierta en negocios relacionados con la tecnología. Si está en construcción y tiene mucha exposición a casas o propiedades comerciales, entonces ingrese a inversiones relacionadas con bienes raíces. Si siente que no tiene suficiente conocimiento en un área en particular, entonces asegúrese de informarse en detalle antes de invertir.

Warren Buffett define el riesgo como "no saber lo que está haciendo". Por lo tanto, la forma más obvia de limitar el riesgo es saber todo lo que pueda sobre su inversión.

Haga su tarea

No hay una inversión mágica que automáticamente le hará un montón de dinero sin tener que poner ningún trabajo en ello. Hay algunas inversiones que requieren un trabajo mínimo, como veremos más adelante, pero aun así, se debe hacer una investigación mínima.

Por cada inversión que realice, debe tener al menos algunas razones fundamentales que lo ayudarán a mantenerla, incluso si existe volatilidad a corto plazo. Cuantas más razones pueda reunir para su inversión, más fácil será mantenerla a largo plazo.

Sea paciente y elija cuidadosamente sus inversiones.

Ya le he mostrado lo poderosa que es la capitalización. Sin embargo, para que funcione, debe aprender a ser paciente.

El poder de la paciencia es una herramienta vital cuando se trata de invertir. Sus inversiones no serán rentables si usted se preocupa constantemente por ellas. Vender y comprar siempre que el mercado caiga o tenga un buen desempeño, respectivamente, no lo ayudará a acumular su riqueza.

El rendimiento a corto plazo no debería tener ningún impacto en sus decisiones de inversión. La mayoría de las personas se asustan si algo no sale como lo esperaban de inmediato. Mientras la razón fundamental de su inversión no haya cambiado, no hay necesidad de entrar en pánico.

Si ha realizado el análisis adecuado y conoce su inversión, entonces todo lo que tiene que hacer es ser paciente y esperar los resultados. Como dicen, lento y constante gana la carrera.

Muchas personas asocian la actividad con el éxito. Si no está invirtiendo constantemente, entonces se estás quedando atrás. Invertir en realidad no implica mucha actividad. No debe invertir en ninguna oportunidad que se le presente. Es importante ser crítico con cada oportunidad. Si se adhiere a un conjunto de criterios y ciertos estándares, solo vale la pena invertir en algunas inversiones.

El costo de oportunidad es un concepto importante para entender que ayuda a limitar la cantidad de inversiones que realiza. Cada decisión de inversión que tome tiene un costo de oportunidad asociado. En los términos más simples, es el costo de una oportunidad perdida. Si invierte en algo, significa que está renunciando a una inversión en otra cosa.

Por lo tanto, debe asegurarse de que lo que esté invirtiendo sea mejor que todas las demás opciones potenciales. Por lo tanto, no solo debe asegurarse de que su inversión sea excelente por sí misma, sino que también es mejor que las otras opciones potenciales.

Por otro lado, sin embargo, es importante no ser demasiado estricto y dejar pasar todas las oportunidades que se te presenten, simplemente porque sientas que puede haber una mejor oportunidad después. La mayoría de ellas, sin embargo, debe dejarlas pasar. Pero cuando finalmente encuentra una oportunidad que cumpla con sus estrictos estándares y es mejor que las otras opciones disponibles, debe invertir mucho en ella.

Calidad vs. bajo precio

Cuando se trata de invertir, queremos asegurarnos de que obtenemos calidad a un precio justo. Un pago excesivo por una alta calidad dará lugar a bajos rendimientos y un pago insuficiente por una calidad deficiente podría llevar a la pérdida del capital. Por lo tanto, hay que alcanzar un equilibrio. Esto viene con un análisis exhaustivo, así como con la experiencia.

Un consejo común para los principiantes que escucho a menudo es comenzar invirtiendo en una compañía / acciones que usted ame. Lo más probable es que ame a la compañía porque produce excelentes productos que indican que es una compañía de calidad, pero eso no significa que tenga un precio justo. Aunque esto es mejor que invertir en acciones especulativas, generalmente hay opciones mucho mejores.

Puntos claves:

- Piense como un inversor, no un jugador.

- La Regla No.1 es nunca perder dinero. La Regla No.2 es nunca olvidar la Regla No.1.

- Invierta en lo que sepa y tenga razones sólidas de por qué está invirtiendo en una cierta inversión al realizar la investigación adecuada.

- Una vez que esté seguro de una inversión, sea paciente y piense a largo plazo.

- Una actividad alta no equivale a resultados altos.

- Apuntar a la alta calidad a un precio justo.

¿Está disfrutando el libro? Por favor, deja un comentario y ¡hágame saber qué es lo que piensa!

Capítulo 4: Conózcase a Sí Mismo y a Su Inversión

¿Qué tipo de personalidad tiene?

Como principiante, este capítulo puede ser tentador para no tomarse tan en serio como el resto. Puede estar pensando que se conoce a sí mismo y puede mantener sus emociones bajo control. Sin embargo, es importante tener en cuenta que incluso los mejores inversores pueden tener problemas con esto. Es una de esas cosas que parece muy fácil y fácil de entender en teoría, pero en realidad es difícil de aplicar en la práctica.

Cuando comienza por primera vez, muchos de los aspectos técnicos de la inversión pueden no tener sentido de inmediato, pero la psicología y la emoción detrás de la inversión es algo de lo que la mayoría de las personas puede comprender fácilmente. Por lo tanto, preste mucha atención a este capítulo porque si puede comprender y aplicar esto, tiene más de la mitad de la batalla ganada.

Tiene que tomar en cuenta su personalidad. ¿Es una persona típicamente ansiosa? ¿Odia tomar decisiones? ¿Es propenso a las reacciones emocionales?

Si su respuesta es afirmativa a cualquiera de estas preguntas, la inversión podría no ser la mejor opción para usted de forma natural. Sin embargo, siempre puede cambiarse a la mejor. La ansiedad es algo que podría arruinar fácilmente su estrategia de inversión, pero también puede hacer que sea más cauteloso que los demás. En general, usted es mejor que la mayoría al ser consciente de los detalles y asegurarse de que todo sobre la inversión sea excelente. Sin embargo, puede ser difícil tomar la decisión de proceder.

Por otro lado, si es más propenso a ser emocional, entonces puede tener el problema de la acción excesiva. Como se mencionó anteriormente, es importante entender que más actividad no significa más éxito en la inversión. Es importante establecer un criterio estricto en el que basar sus inversiones y solo tomar decisiones si se cumple con ese conjunto de criterios. Esto ayuda a mantener las cosas más técnicas y menos emocionales.

Tomar decisiones es uno de los pasos más importantes para invertir. Debe considerar cuidadosamente todos los factores y llegar a una conclusión sobre si vale la pena comprar una inversión determinada o si se debe vender una inversión existente. Puede ser estresante y debe saber si puede manejarlo.

¿Puede estar lo menos emotivo posible?

Obtener una ganancia o perder dinero va a desencadenar una variedad de emociones en ti. Fácilmente puede volverte extático o enojado, y las emociones tanto positivas como negativas pueden tener un efecto negativo en usted.

Debido a esto, la mayoría de los inversionistas intentan ser lo menos emotivos posible. Esto es especialmente cierto cuando se trata de inversores a largo plazo.

Mantener las inversiones con las que se siente seguro durante un período prolongado de tiempo ayuda a reducir sus niveles de estrés. Usted ha hecho su investigación y ha determinado que es una inversión valiosa. Por lo tanto, usted sabe que cualquier fluctuación de precios a corto plazo es solo ruido.

Estar sin emociones es un rasgo valioso en el mercado inversor. Al dejar de lado sus sentimientos, alimentará un pensamiento claro y tomará mejores decisiones.

Los inversionistas de cabeza caliente tienen una mayor probabilidad de perder todo su dinero. En contraste, aquellos que son pacientes y tranquilos pueden determinar fácilmente si vale la pena prestar atención a las fluctuaciones de los precios.

Controlando sus emociones

Es más fácil decirlo que hacerlo, pero controlar sus emociones es una parte crucial de la inversión. Los mercados suben y bajan cada día. Debe ser capaz de mantenerse tranquilo y sereno.

Incluso si los precios de sus inversiones bajan, un inversionista inteligente y sin emociones mantendrá la calma y la ignorará mientras el valor de la inversión y sus razones fundamentales permanezcan intactas.

Sin embargo, si controlar las emociones no es algo en lo que sea bueno (y lo reconozca y lo admita, lo que puede ser difícil), entonces la inversión pasiva como un fondo de índice es su mejor opción. Esto se explicará con más detalle más adelante.

Conozca su inversión

Aunque esto se mencionó anteriormente, es importante mencionarlo nuevamente en este capítulo porque tiene un gran impacto en ayudar a lidiar con las emociones.

Warren Buffett ha dicho que solo invierta en su círculo de competencia, que es lo que sabe y con lo que está familiarizado. Más importante aún, debe reconocer lo que no sabe y tratar de evitarlo o aprender más si desea invertir en ello.

Los inversores inteligentes son los que reconocen cuándo algo tiene potencial y cuándo no. Utilizan el pensamiento racional en lugar de las tendencias. Seguir a la manada no es una buena manera de ganar dinero y acumular riqueza. Recuerde que para estar por encima del promedio, debe alejarse de lo que es el promedio. Aunque puede ser emocionalmente agotador, la recompensa vale la pena.

Al invertir en lo que sabe y al tener fuertes razones fundamentales detrás de cada inversión, es mucho más fácil controlar sus emociones y tomar decisiones lógicamente acertadas.

Puntos claves

- Sea brutalmente honesto consigo mismo. ¿Es una persona emocional?
- ¿Puede controlar sus emociones?
- Conocer sus inversiones ayuda a controlar las emociones.
- Si siente que no puede controlar sus emociones lo suficientemente bien, se le recomienda una estrategia de inversión pasiva.

Capítulo 5: Errores Comunes del Principiante

Inevitablemente, cometerá errores en su viaje de inversión, pero es importante aprender de cada error, comprender por qué sucedió y qué podría haber hecho de manera diferente. Incluso los inversores más exitosos han cometido errores en sus carreras. De hecho, algunos de sus errores fueron lo suficientemente grandes como para costarles toda su fortuna, pero tuvieron la capacidad de recuperación y la resistencia mental para recuperarse. Sin embargo, un método aún mejor que aprender de sus propios errores es aprender de los errores de otros. Por lo tanto, he proporcionado algunos errores comunes que los principiantes tienden a cometer.

Mentalidad de Jugador

Como he predicado muchas veces durante este libro, invertir no es lo mismo que apostar y especular. La idea es no enriquecerse de la noche a la mañana. Más bien, hágase rico lenta y constantemente. Evite cualquier inversión que parezca demasiado emocionante u ofrezca rendimientos que parezcan demasiado buenos para ser verdad. Lo más probable es que no lo sean. Si la inversión resulta no ser tan emocionante como pensabas, lo más probable es que lo esté haciendo bien.

Comprar alto, vender bajo

Los principiantes no tienen suficiente experiencia al principio para manejar racionalmente una fuerte caída de precios. Por lo tanto, a menudo comienzan a tener pánico porque el miedo se apodera de ellos.

A todos nos gusta predicar la idea de comprar barato y vender caro, pero a menudo lo contrario es cierto. Debido al papel que juegan las emociones, es un desafío comprar cuando los precios están bajando y es fácil comprarlos cuando están subiendo. Una gran parte de esto se debe a ciertos sesgos y sistemas de reconocimiento de patrones que tenemos en nuestro cerebro. Por ejemplo, si el precio de una acción sube, nuestro cerebro siente que seguirá subiendo. Lo mismo se aplica cuando el precio está bajando.

Esto nos devuelve a ser sin emociones. Si practica desconectar sus emociones y practica el razonamiento a través del análisis e investigación adecuados, nunca entrará en un estado de pánico. Por el contrario, se alegrará cuando el precio baje, porque solo significa que puede comprar aún más a un precio aún más bajo.

No comprender su inversión

Su mejor amigo le da un consejo sobre un negocio local que está a la venta. El propietario se retira y quiere venderlo rápido, por lo que le ofrece vender a un precio bajo. Nunca ha comprado allí antes y no sabe mucho al respecto. Sin embargo, usted sabe que siempre está lleno y que el negocio parece ser bueno.

¿Debería comprarlo? Si investiga lo suficiente para aprender sobre el negocio y cómo funciona, entonces quizás. Pero también tiene que confirmar las finanzas del negocio y ver si realmente está obteniendo beneficios sólidos.

Solo una vez que esté seguro de que funcionará en lugar de esperar que funcione, debería invertir. Esta misma lógica puede y debe aplicarse a cualquier inversión que realice.

No investigar lo suficiente

Repetiré esto brevemente una vez más. Nunca vaya ciegamente a ninguna inversión y espere que algo salga bien. Debe tener confianza de que saldrá bien. Esto no significa que tenga que estar 100% seguro de que lo hará, pero la probabilidad debería ser altamente a su favor.

No planear anticipadamente

Hacer un plan de inversión puede no parecer emocionante, pero podría ayudarlo significativamente en su camino hacia el logro de la jubilación anticipada.

Al igual que con los planes de marketing, los planes de inversión deben ser detallados y ajustados a sus propias necesidades. No puede simplemente decir: "Quiero ganar mucho dinero".

Por lo tanto, antes de invertir en una variedad de instrumentos financieros, es vital enumerar sus objetivos principales. ¿Cuánto le gustaría ganar? ¿Ha pensado en sus próximas inversiones? ¿Cuánto riesgo está dispuesto a asumir y cuánto puede manejar realmente? ¿Cuál es su horizonte temporal? Haga una lista de lo que pretende lograr y se concentrará fácilmente en eso.

Bajo la diversificación

Uno de los componentes más importantes de su carrera de inversión debe ser la diversificación. En pocas palabras -no ponga todos los huevos en una canasta.

Por ejemplo, en términos de acciones, podría estar interesado específicamente en la tecnología. Sin embargo, si invierte y reinvierte en el mismo sector todo el tiempo, eso significaría que todos sus activos están en un área. Por lo tanto, si algo sucede en el sector de la tecnología que hace que los precios caigan en picado, sufrirías grandes pérdidas.

Por lo tanto, crear una cartera diversificada debe ser uno de tus objetivos. Debe haber cierta diversificación en todos los niveles de sus clases de activos (acciones, bonos, bienes raíces, etc., todas son clases de activos diferentes). Por ejemplo, en su cartera de acciones debería tener algunas acciones en el mismo sector, así como acciones en otros sectores. Además, podría invertir en compañías más pequeñas, así como en algunas más grandes.

Otro ejemplo podría ser en el sector inmobiliario. Puede comprar diferentes tipos de propiedades, como casas de un solo piso, dúplex, apartamentos, etc. Puede ingresar a bienes raíces comerciales o incluso comprar propiedades en diferentes ciudades.

Por último, debe intentar invertir en muchas clases de activos diferentes de las que hablaremos en el siguiente capítulo. Desarrollar un plan de inversión completo ayudará a identificar lo que es mejor para usted.

Sobre diversificación

Es fácil quedar atrapado en la diversificación. Es uno de los conceptos que más escucho sobre la inversión. Sin embargo, hay algunos problemas con la diversificación.

Uno es que resulta difícil hacer un seguimiento de todas sus inversiones cuando tiene demasiadas.

En segundo lugar, conduce a rendimientos medios. Es altamente improbable que tenga la mayor confianza en todas las inversiones que realice, por lo que muchas de ellas terminarán teniendo un bajo rendimiento porque simplemente invirtió en ellas por el bien de la diversificación. Esto termina diluyendo los resultados de las inversiones que han tenido un buen desempeño (ya que los investigó a fondo).

Por lo tanto, como todo, es importante encontrar un equilibrio en la diversificación. Invierta en suficientes activos diferentes para que el riesgo se extienda, pero no a expensas de sus devoluciones. Por ejemplo, en acciones, tener entre 15 y 20 acciones a la vez es más que suficiente.

Ser impaciente

Sus emociones pueden provocar una oleada de impaciencia si ve que muchas personas invierten en algo; que usted no querrá perdérselo. Incluso puede vender una de sus mejores inversiones que se está desempeñándose mal a corto plazo pero que eventualmente ganará impulso. Lo siguiente que sabe es que la inversión exagerada bajó un 30%, mientras que la que vendió ahora subió un 20%.

La paciencia es una virtud que debe nutrir. Las inversiones a largo plazo se amortizan después de un tiempo y resultan en mucho menos estrés. Saltar de una inversión a otra es una clara señal de un inversionista impaciente.

Exceso de seguridad

No estoy diciendo que no deba tener fe en sus propias habilidades de inversión. La confianza es vital si quiere tener éxito. Sin embargo, hay algo que decir sobre el exceso de confianza. Puede obstaculizarle sustancialmente y confundir las mentes.

Se podría pensar que una cierta inversión tiene potencial. Como ha estado en una racha ganadora, se siente seguro de que también tiene razón al respecto. Por lo tanto, decide no hacer la investigación adecuada y simplemente invertir de todos modos.

Esto probablemente no terminará en un buen resultado. Puede que tenga suerte y que cierta inversión funcione, pero si lo convierte en un hábito, eventualmente fracasará.

Invertir con dinero que no puede permitirse perder

La forma más fácil de generar miedo, codicia y otras emociones negativas sobre usted mismo es invirtiendo con dinero que no puede permitirse perder. Está conectado emocionalmente con ese dinero, lo que conduce a decisiones deficientes, como se explicó anteriormente. Invertir con el dinero que no necesita absolutamente resultará en que se sienta mucho más relajado y, a su vez, conducirá a decisiones de inversión mucho mejores.

Capítulo 6: ¿Por dónde empezar?

¿En qué puede invertir?

Probablemente haya oído hablar de clases de activos antes. La mayoría de los valores financieros se agrupan, y las clases se basan en su similitud.

Aquí están las cinco clases generales en las que la mayoría de la gente invierte:

Acciones o capitales. Cuando compra una acción, está comprando una parte de esa compañía y, por lo tanto, se convierte en accionista.

Bienes Raíces. Usted puede comprar una propiedad residencial o comercial. La mayoría de los fondos se centran en los comerciales, pero usted también puede comprar propiedades residenciales o comerciales. Con la segunda opción, tiene muchas opciones diferentes, como voltear, reparar, vender, alquilar, etc. Sin embargo, la barrera para la entrada es mayor ya que se necesita más capital.

Efectivo. Esto también incluye equivalentes de efectivo. Por lo general, estos son de muy bajo rendimiento (por ejemplo, su cuenta de ahorros) y, por lo general, solo deben usarse a corto plazo.

Productos básicos. Esto incluye una variedad de inversiones, como el petróleo y el gas. Además, también puede invertir en metales preciosos e industriales, así como en productos agrícolas. Estos están fuertemente influenciados por la oferta y la demanda.

Obligaciones. También conocidos como títulos de renta fija. La mayoría de ellos son emitidos por el gobierno o por compañías que necesitan inversionistas para financiarlos. En pocas palabras, está otorgando un préstamo que se reembolsa en el plazo que elija y con una tasa de interés que depende del marco de tiempo, el riesgo asociado con el bono y las tasas de interés establecidas por un órgano rector como la Reserva Federal. Por lo general, ofrecen rendimientos más bajos, pero también son mucho menos riesgosos en comparación con otras inversiones.

¿Cuál es la mejor opción para los principiantes?

A estas alturas, ya sabe que invertir no tiene que ser complicado. Sin embargo, es crucial seguir aprendiendo y familiarizándose con la mayor cantidad posible de material de inversión. Para muchos de ustedes, este puede ser el primer libro de inversión que elija, pero no debería ser el último. Esperemos que haya adquirido algún conocimiento sobre los fundamentos de la inversión, pero todavía hay mucho que aprender si desea maximizar su potencial.

En mi opinión, invertir en acciones es la mejor opción para usted siempre que tenga un horizonte de tiempo suficientemente largo (al menos 10 años). Ofrecen los mejores rendimientos a cambio de la baja cantidad de trabajo relativo que requieren en relación con otras inversiones. Además, no requieren que usted tenga una gran cantidad de capital para comenzar. Puede comenzar fácilmente con tan solo $ 1000.

Puede comenzar siguiendo a sus compañías favoritas, así como a diferentes compañías que tienen un historial de ganancias consistentes y un foso económico sólido. Sumérjase en la cultura inversora. Una vez que adquiera más conocimientos y sea capaz de decidir qué compañía es la mejor para usted, puede comenzar a poner su dinero en ello.

Aunque este libro no entra en detalles sobre cómo seleccionar acciones y cómo evaluar compañías, usted tiene el conocimiento básico esencial sobre qué debe buscar y de qué tener cuidado. Mientras tanto, mientras aprende, comience invirtiendo en fondos indexados que requieran una investigación mínima, ya que contienen una cesta de compañías y siguen el mercado.

Un fondo de índice es básicamente una colección de acciones que siguen un determinado índice de mercado. Por ejemplo, el índice S&P 500, que consta de las 500 empresas más grandes de Estados Unidos según su capitalización de mercado, es un índice de mercado. Cuando las personas hablan de ganarle al mercado, hablan de un determinado índice.

Cuando se trata de acciones, todos quieren ganarle al mercado, pero muchos no se dan cuenta de que solo el 50% de las personas pueden ganarle al mercado porque tiene que haber un 50% que no lo haga. Por lo tanto, si simplemente realiza un seguimiento de los rendimientos del mercado y los iguala, automáticamente está superando al 50% de las personas. Teniendo en cuenta que muchas de esas personas son profesionales en Wall Street con títulos de lujo, es algo de lo que estar orgulloso como inversionista principiante.

Busque fondos indexados con bajos costos asociados con ellos. Recomiendo encarecidamente comenzar mirando los que ofrece Vanguard.

Si cree que la economía estadounidense o cualquier índice de mercado en el que esté invirtiendo se estrellará en el futuro, entonces no invierta en ese mercado. Pero al invertir en un mercado como el S&P 500, usted está invirtiendo en la economía estadounidense, lo que probablemente no irá a la bancarrota pronto.

Recuerde que incluso si se produce un desplome del mercado, tendrá la oportunidad de comprar más a un precio aún más barato. "Tenga miedo cuando otros son codiciosos y codiciosos cuando otros tienen miedo". - Warren Buffett

Antes de comenzar a invertir más allá de los fondos de índice

Hay pasos simples que puede tomar para prepararse para invertir. Además, asegúrese de volver a leer este libro antes de comenzar, especialmente las secciones fundamentales y errores comunes:

Haga un plan. Nunca vaya a invertir sin un plan de inversión adecuado. No solo tendrá un desempeño peor, sino que también podría llevar a pérdidas significativas. Por eso, tómese su tiempo y piense realmente en lo que quiere lograr. Examine diferentes activos y aprenda sobre diferentes sectores. Vea en qué le gustaría invertir y luego cree sus metas a largo plazo.

Siempre diversifique pero no se exceda. Un inversor inteligente reconocerá oportunidades en diferentes sectores de inversión. Solo porque sepa una o dos cosas sobre tecnología, no significa necesariamente que deba poner todo su dinero allí. La diversificación es clave cuando se trata de construir una cartera equilibrada, así que asegúrese de invertir en una variedad de acciones (que es probablemente en lo que se iniciará) y luego pase a diferentes clases de activos. Pero, como se mencionó antes, no se exceda.

Siempre invierta a largo plazo. Si desea minimizar las tarifas e impuestos en el caso de las acciones, entonces la inversión a largo plazo es la mejor opción. En términos de inversión en general, es mucho menos estresante y produce mejores rendimientos. Tal vez no sea tan emocionante como comprar y vender a corto plazo, pero recuerde que cuanto más aburrida sea la inversión, más probable es que esté funcionando.

Haga la investigación adecuada y crea en su juicio. Si ha realizado el esfuerzo adecuado y ha investigado todos los detalles, es poco probable que sus inversiones funcionen mal. Los mercados pueden ser bastante volátiles, pero con la investigación adecuada, no tiene que entrar en pánico cada vez que los precios bajan.

Menos es más. La mayoría de las posibles ideas de inversión que encuentres deben ser rechazadas. Recuerde que la actividad no equivale al éxito en invertir. De hecho, lo opuesto es verdad. Busque una inversión que realmente destaque y cumpla con sus criterios, y recuerde los costos de oportunidad.

Invierta con lo que pueda pagar. Si invierte solo con el dinero que puede permitirse perder, entonces siempre estará en un estado más relajado que llevará a mejores decisiones de inversión y mucho menos dolores de cabeza. Recuerde que las emociones juegan un papel masivo en la inversión. Al no cometer este error, ya está en una ventaja para controlar sus emociones.

Conózcase a sí mismo. Le animo a que intente invertir en diferentes áreas, pero si se da cuenta de que no está emocionalmente preparado para ello (¡es difícil de admitir!), Entonces siga invirtiendo en fondos de índice y simplemente apéguese a él. Invertir en mercados poderosos, como el S&P 500 (y sus equivalentes), dará lugar a resultados sorprendentes a través del tiempo compuesto.

Lo más importante es comenzar tan pronto como pueda.

En términos de inversión, el tiempo es su activo más importante debido a cómo funciona la capitalización. Recuerde los diferentes resultados del ejemplo del Capítulo 2 que hicieron 5 años en términos de los rendimientos generados. Además, cuando comience tempranamente, tendrá más tiempo para ahorrar dinero. Esto no solo significa que utilizará el interés compuesto en su beneficio, sino que también podrá asumir más riesgos. Las personas mayores cercanas a la jubilación a menudo intentan resistir la tentación de invertir mucho en acciones y optan por invertir en inversiones menos riesgosas, como los bonos.

Asumir más riesgos no significa que no deba realizar la investigación adecuada y estar seguro de sus inversiones. Esto significa que incluso si usted se equivoca con una inversión (después de 2 años, su inversión aún no ha sido muy importante), entonces puede permitirse ese error. Pero asegúrese de saber por qué sucedió y cómo puede evitar que vuelva a suceder.

Haga una lista de todos los errores que comete para no repetirlos nuevamente. No hay necesidad de temer pérdidas si se entrena para ser un inversionista sin emociones. Además, los adultos jóvenes pueden soportar más presión ya que la jubilación en general todavía está lejos.

Invertir no es tan complejo como muchos lo perciben. Con el conocimiento adecuado y la voluntad de aprender, usted también puede crear un estilo de vida que siempre ha deseado. La perseverancia y el tiempo son los puntos clave. Al nutrir esos rasgos, su riqueza crecerá cada año.

Aquí hay algunos beneficios más para invertir en su juventud:

Tendrá un mejor estilo de vida en el futuro. La mayoría de los adultos jóvenes tienen enormes deudas universitarias que tienen que pagar. Además, las tasas de empleo pueden ser bajas, lo que también puede influir en su estilo de vida. Sin embargo, una vez que comience a invertir el dinero que tiene, en lugar de gastarlo en cosas que no necesita, pronto comenzará a ver los resultados. Invertir a largo plazo significa que está invirtiendo en su futuro y le brindará muchas oportunidades en las que quizás ni siquiera haya pensado. Incluso si solo invierte con su cheque de pago estándar, si se le da suficiente tiempo, está buscando un lujoso plan de jubilación, una nueva casa, fondos universitarios para sus hijos y muchos otros beneficios.[456]

[4] http://www.ampcapital.com.au/resources/keys-to-successful-investing/why-it-pays-to-start-investing-early
[5] https://www.investopedia.com/financial-edge/0212/5-advantages-to-investing-in-your-20s.aspx
[6] https://www.veteransunited.com/money/5-reasons-to-start-investing-early/

Frena sus hábitos de consumo. Invertir requiere que tome una responsabilidad financiera que sus padres podrían no haber instalado en usted cuando era niño. Esto a menudo conduce a gastos irracionales y apenas llega a fin de mes. Sin embargo, cuando se convierta en un inversionista, seguirá un presupuesto más estricto y trabajará para alcanzar sus objetivos a largo plazo.

Comience a invertir temprano y cree el estilo de vida que siempre ha deseado. Invierta en sí mismo cuando pueda, y nunca tema al fracaso. Estoy seguro de que experimentará resultados increíbles.

Conclusión

¡Gracias de nuevo por descargar este libro!

Espero que haya podido obtener una introducción bien fundada a la inversión y su potencial para impulsarle a nuevos niveles de riqueza.

El siguiente paso es seguir expandiendo su conocimiento, aprendiendo más y comenzando a aplicar todo lo que aprende. La aplicación del conocimiento es la diferencia entre aquellos que alcanzan el éxito y aquellos que simplemente miran.

Finalmente, si disfrutó de este libro, no dude en dejar un comentario. ¡Sería muy apreciado!

¡Gracias y buena suerte en su viaje hacia la independencia financiera! ¡Por favor deja un comentario!